José Antonio Lozano

ABEFRUDARIO

Ilustraciones de Leo Flores

IGLÚ

IGLÚ

ABEFRUDARIO

© Texto: José Antonio Lozano
© Ilustraciones: Leonardo Flores
© de esta edición: IGLÚ, 2025

ISBN: 978-84-18488-66-5
Depósito legal: V-632-2025
Impreso en España

KALOSINI, S. L.
Grupo editorial
equipo@olelibros.com
www.iglu.com

ÍNDICE

ABEFRUDARIO

«¡Hay que comer fruta buena!»
—te dice la primavera—,

«¡que la fruta es lo más sano!»
—va y te contesta el verano—,

«¡ya seas experto o bisoño!»
—te continúa el otoño—,

«¡ya seas clásico o moderno!»
—sentencia ahora el invierno—;

y es que, en cualquier circunstancia,
hay que saber que a diario
es bueno comer la fruta,
lo dice este abefrudario.

A (albaricoque)

Se durmió el albaricoque
en la punta de una rama
con su vientre sonrosado,
vocación de mermelada.

Siempre soñó con tener
una piel de porcelana,
y manos de terciopelo
para abrazar a su amada.

Cuando al fin salió la luna
y vio su sábana blanca
le susurró una canción
con colores de alborada.

El fruto, pura pasión,
estrechó fuerte su rama
y entre sueños de algodón
se entregó a la madrugada.

B (banana)

Iba un gusano pirata
a bordo de un galeón
que era el dulce cascarón
de una amarilla banana.

Con su garfio dirigía
el navegante gusano
una hermosa travesía
por las ramas del banano;

hasta que llegó a la copa
del frondoso y verde mar
y rajó el garfio su popa,
ya no pudo navegar.

C (cerezas)

Siempre en pareja
van las cerezas,
por las mañanas
van a la escuela:
hoy toca clase
de primavera.

Siempre en pareja
van las cerezas,
a mediodía
duermen la siesta,
luego en el viento
se van de fiesta.

De terciopelo
van las cerezas,
baile de fuego,
rubís de seda,
dedos de azúcar
siempre en pareja.

CH (chirimoya)

Una lora picoteó
una hermosa chirimoya
y tornó verde su pico
y sus alas y su cola;

dio a comer a sus loritos
la carne suave y lechosa
en el nido bien mullido
con alas de mariposa;

también verde se volvió
el color de los pequeños,
los papás loros juraron
a la fruta amor eterno;

y aún duda la chirimoya
si ese nombre tan sonoro
se lo pondría una lora
pensando acaso en su loro.

D (dátil)

Palmera del desierto
en el oasis
los dátiles pronuncian
caricias de aire;

maduran y maduran
sobre la tarde
y se llena de néctar
su carne mate;

saben a miel de estrella
bajo la luna
y en las noches de arena
endulzan los dibujos
que hacen las dunas.

E (endrina)

Tuvo el endrino una endrina
azul morado de mora
que crecía junto a un nido
en una rama a la sombra.

Iba creciendo la endrina,
azulándose su lomo,
y una ráfaga de viento
rompió su rama de un soplo.

Cayó la endrina del susto
(o tal vez ya madurada)
y llegó hasta la cocina
para hacerse mermelada.

F (fresa)

Sabe la fresa que es fresa
porque su amiga frambuesa
se lo ha dicho al oído;

le ha contado que sus pecas
son trozos de primavera,
un regalo del destino,

que su piel rosa y de cera
sabe ácida y supera
el sabor más exquisito,

que lleva antiguas historias
prendidas en su memoria
junto a la orilla del río.

La fruta suspira y piensa
sabiendo cuánto alimenta:
«¡Vaya suerte que he tenido
con haber nacido fresa!».

G (granada)

Un universo de gemas
perfumadas de clavel
tiene dentro la granada
bien guardadas por su piel.

Es un racimo de lágrimas,
es un cofre de tesoros,
de perlas blancas y granas
en una jaula de oro.

Bien tapadas por un velo
las perlas van madurando,
juegan al corro apretadas
cuando el sol las va dorando;

el viento las va meciendo,
la tarde las va calmando
y entre nubes de sonrisas
va la luna luneando.

H (higo)   poema despistado

Esta higuera tiene canas,
digo ramas;

esta higuera tiene bombo,
digo tronco,

y también tiene narices,
digo raíces.

Esta higuera tiene sopa
digo copa;

esta higuera tiene sustos,
digo nudos.

Esta higuera tiene hipo...
¡Vaya desastre, qué digo!
Esta higuera lo que tiene
es que está repleta de higos.

I (icaco)

Un icaco vanidoso
cantaba sin contención:
«Soy el fruto más carnoso,
más jugoso y delicioso
de la selva generosa,
mi pulpa es la más sabrosa
y me llaman, con razón,
la ciruela de algodón»;

pasó un mono despistado
justamente por su lado
y la canción escuchó,
tuvo tal curiosidad
que lo quiso comprobar
y cogiéndolo con mimo,
a pesar de haber comido,
de un bocado lo tragó.

J (jabuticaba)

Allá en plena selva,
junto a las iguanas,
existe un gran árbol
de frutas moradas
que nacen del tronco
y no de las ramas,
cubriéndolo todo
de azul madrugada.

Debajo del cielo
de tibia manzana
el agua sonríe,
el agua que mana
y las va llenando,
las llena hasta hincharlas:
las uvas del tronco,
las jabuticabas.

K (kakadu)

Esta ciruela almendrada
que más parece un conjuro,
nos llena de vitaminas
dando saltos de canguro;

kakadu lleva por nombre
esta delicia australiana,
se podría llamar breva
o simplemente banana,

seguro que en el instante
de apellidar a los frutos
no había otras consonantes,
las agotó el higo chumbo.

L (lima)

La lima tiene sordina,
sordina de estar muy sorda,
muy sorda para entender
para entender que la fresa
que la fresa le ha contado
le ha contado que hace tiempo
que hace tiempo doña lima
doña lima se creyó
se creyó que era naranja,
que era naranja o limón.

La lima tiene sordina,
sordina de blanda agua
blanda agua que se mantiene
que se mantiene en la rama
en la rama de la sombra
de la sombra que ya es plata
que ya es plata, que ya es noche,
que ya es noche y madrugada
madrugada que le dice
que la lima es lima y basta.

LL (membrillo)

En la rama, cabizbajo,
como un lento escarabajo
que se esconde en el agrillo,
duerme la siesta el membrillo;
no tiene mantas ni trapos,
ni bufandas, ni tabardos
para cuando venga el frío
subido al lomo del río;

no sabe que la membrilla,
gran amante del trabajo,
en la dulce membrillera
que el sol de agosto solea
bien pintado de amarillo,
no para de hacer ganchillo
para abrigar al membrillo
en el invierno que llega.

M (manzana)

Ama la fruta y ama
el membrillo y la manzana,
la mandarina, el melón,
el mango, el melocotón
y hasta la mora morada.

Ama la fruta y ama
la sandía, la banana,
el plátano, la cereza,
la chirimoya, la fresa,
el níspero, la granada
y de nuevo la manzana.

¡Ama la fruta con ganas!

N (níspero)

No es áspero don níspero
con su color flamígero,
no es pájaro, ni lágrima,
ni zángano famélico
que posa algo decrépito
sobre su rama pálida.

Es cálido don níspero
con sus piñones vítreos
y piensa doña níspera
con su perfume a orquídea
y gotas de crepúsculo:
«¡Qué guapo es este esdrújulo!».

Ñ (piña)

Se maravilla la piña
de que le haga cosquillas
su nuevo amigo el piñón;

nota en su piel amarilla
calambres por las caricias
que no aprecian el error.

Le cuenta que sus sonrisas
no son secas, sino líquidas,
porque de pino no son,

pero el buen piñón se obstina
e insiste en su retahíla
hasta que se pone el sol.

Se ha marchado ya la piña
cansada de tanta risa
y se entristece el piñón.

O (orejones)

«¡Tengo orejones!»
—grita el frutero—,
«¡son de manzana,
de albaricoque
y de ciruelo!».

«¡Tengo orejones!»
—grita el frutero—,
«¡son fruta de ángel,
primor de azúcar
y de romero!».

«¡Tengo orejones!»
—grita el frutero—,
«¡todos muy dulces,
todos muy sordos
y van al peso!».

«¡Tengo orejones,
gajos de fuego!»
—arde el frutero.

P (pera) adivinanza

Se tiene que ser valiente
si se quiere hincar el diente
cuando está verde esta fruta:

en cambio, se nos deshace
en nuestra boca impaciente
cuando al fin está madura.

Lisa o moteada espera
con piñones de azabache
y rica carne de cera:

es anjou, concorde o de agua,
conferencia o limonera,
¡a ver si sabes qué espera!

Q (caqui)

De un rojo muy denso
llorando está el caqui
lágrimas de fieltro:

y es que no comprende
que la caqui ame
a un tomate verde.

Le duele ese amor
lleno de pepitas
y verde pasión,

pero no se rinde,
se acicala todo,
de gala se viste

y espera que pase
su amor tan ansiado
para declararse.

Muy emocionado
un beso de azúcar
le ha dado en un labio.

Y de tanto dulce
ella se sonroja,
un rubor de nube

su rostro ha inundado
y el caqui sonríe:
¡la ha enamorado!

R (rambután)

De una vaina de hilos rojos
nace un lindo rambután
jugoso como una uva
abierta de par en par,

tan dulce como el almíbar,
pura luna de azahar,
de un sabor intenso y blando,
breve estambre de azafrán.

Aunque viene de muy lejos
no la dejes de probar:
«¡No te comas la pepita,
solo la carne y ya está!».

S (sandía)

Me duele la sandía
cuando la rompen,
la parten en tajadas
que son vagones,
recorren sus pepitas
las estaciones,
turismo que palpita
mil sensaciones.

Llega el final del viaje,
tren solitario
de líquido sereno,
comienza el baño:
un vals repleto de agua
danza en los labios
y se hace catarata
y hasta estuario.

T (tamarindo)

Tiene esta fruta que ser
Algo más que mera pulpa,
Más que una baya al revés,
Agridulce cerradura.
Rojo suave o marrón,
Imponente catedral,
Nunca niega su exotismo;
Di su nombre en vertical
O te lo digo yo mismo.

U (uva)

No sé qué tiene el agua,
no sé qué tiene
que me llena la uva
de escarcha verde:

moscatel generoso
con piel de luna,
no sé qué tiene el agua
que se hace azúcar.

No sé qué tiene el agua,
no sé qué tiene,
para amasar la uva,
cuarto creciente.

V (navelina-naranja)

La señora navelina
aún no sabe que es naranja
a pesar de su corteza
con gajos de calabaza.

De pequeña es azahar,
puro néctar de lucero,
aunque anda despistada
sobre su rama de suelo.

Ella se cree una cometa
que va acariciando el cielo,
breve zumo de mañana,
sol menudo de febrero,

pero un gorrión generoso
le desvela el gran secreto:
que su familia la espera
sobre naranjos de viento.

La señora navelina
sabe por fin que es naranja,
saluda desde las nubes
donde subió por el agua.

W (kiwi)

El kiwi es una esmeralda
con un abrigo de pelo,
tiene el dulzor de la caña
y el amargor del pomelo;

te lo comes con cuchara
alrededor de su centro
y te queda que parece
una cáscara de huevo,

huevo verde, huevo
nuevo.

X (xonocostle)

En un rincón muy reseco
del desierto mexicano
un xonocostle reviejo
sonríe muy repeinado.

Sonríe muy requequieto,
que el sol requema por dentro
y le revienta la piel,
pura ráfaga de fuego.

El xonocostle se aprieta,
su roja carne se abrasa
en el racimo irritado,
reza una canción de arrope
para volverse más grato,
pero su sabor es ocre
y en el desierto reseco
el sol sigue requemando.

Y (yaka)

Un pájaro carpintero

             toc-toc

se ha equivocado de árbol

             toc-toc

y ha confundido una yaka

             toc-toc

con un tronco estrafalario

             toc-toc.

Pica la dura corteza

             toc-toc,

sabe a naranja y a mango

             toc-toc,

amarillea su pico

             toc-toc

hasta que se le hace blando

             chop-chop

y su nombre deja escrito

             chop-chop

en lugar de perforado

             chop-chop.

La yaka no dice nada

             chop-chop

y tampoco dice el yako

             chop-chop.

Z (zarzamora)

Estaba muy triste el zarzo,
muy triste también la mora,
cuando una rama alcahueta
los convenció de su boda.

Iba el zarzo hacia el altar
por el lado de la sombra
con traje gris y corbata,
toda morada la mora.

Se declararon entonces
un amor de caracola,
nadie había tan feliz
como el zarzo con la mora;

grabaron frases de amor
desde el tronco hasta la copa,
se dieron besos de espinas
y nacieron zarzamoras.

PARA ACABAR

Con zumo de naranja
mezclado con pomelo,
sabrás cada mañana
lo mucho que te quiero.

Te pongo mermelada
de ciruela y de fresa,
y un guiño en la tostada,
todo sobre la mesa;

y así la leche tibia,
la fruta en la cartera,
y un par de besos de agua
ya vas hacia la escuela.

Este libro se terminó de imprimir
en Madrid el 17 de febrero de 2025.